Bratenkunde

krepp trocken. Danach können Sie das Fleisch gut für ein paar Tage abgedeckt im Kühlschrank aufbewahren. Ist das Fleisch beim Kauf bereits Vakuum verpackt, belassen Sie es so. Für das Aufbewahren im Kühlschrank gilt in jedem Fall: Stellen Sie es abgedeckt in die kälteste Zone (oberhalb der Glasplatte vom Gemüsefach). Bei 0 – 4 °C hält sich Rindfleisch ca. 3 – 4 Tage. Kalb- und Schweinefleisch sollte innerhalb von 2 – 3 Tagen und rohes Geflügel in 1 – 2 Tagen verbraucht werden. Wenn es noch längere Zeit hin ist, bis Sie Ihren Braten zubereiten wollen, sollten Sie das Fleisch einfrieren.

WAS SIE BEIM AUFTAUEN BEACHTEN SOLLTEN

Sie entnehmen das Fleisch aus dem Gefrierbehältnis, legen es in eine Schüssel und stellen es abgedeckt in den Kühlschrank. Hier sind pro Kilogramm 6 Stunden Auftauzeit einzurechnen. Dazu ist ein Behältnis mit Siebeinsatz ideal, damit das Auftauwasser direkt ablaufen kann. So können sich eventuell vorhandene Keime nicht vermehren oder mit der abtropfenden Flüssigkeit auf andere Lebensmittel gelangen. Das langsame Auftauen im Kühlschrank verhindert, dass zu viel Fleischsaft austritt. Tauen Sie das Fleisch zu schnell auf, riskieren Sie, dass es bei der Zubereitung trocken und zäh wird.

WIE SIE EINEN ZÄHEN BRATEN RETTEN

Manchmal hat man einfach Pech gehabt. Obwohl man sich peinlich genau an das Rezept gehalten hat, ist das Fleisch zäh geworden. Der Grund: Man hat einfach das falsche Stück Fleisch erwischt. Das passiert nicht nur dem Hobbykoch, sondern auch dem Profi. Da lautet die Devise: entweder alles auf Anfang, sprich: einen anderen Braten zubereiten (den man in den meisten Fällen nicht zur Hand hat) oder seiner Kreativität freien Lauf lassen. Auch ein zäher Braten lässt sich retten. Schneiden Sie dazu das Fleisch in dünne Scheiben, und legen Sie sie für einige Minuten in die Sauce. So haben Sie genug Zeit, sich einen anderen, wohl klingenden Namen für Ihr Gericht auszudenken, während das Fleisch in der Sauce wieder weicher wird.

LASSEN SIE IHREN BRATEN RUHEN

Fleisch sollte man nach dem Garen je nach Größe 10 – 20 Minuten rasten (ziehen) lassen, das heißt, es sollte nicht mehr großer Hitze ausgesetzt werden. Währenddessen verteilt sich der Fleischsaft gleichmäßig und wird wieder gebunden, so dass beim Anschneiden nur wenig Saft austritt.

Wir lieben das Landleben.

Wie gelingt ein saftiger Braten? Eine Frage, die man mir in meinen Kochkursen oft stellt. Darauf gibt es genauso viele Antworten wie Wege der Zubereitung. Auch auf die Frage nach der besten Garmethode ist meine Antwort: Es gibt kein Patentrezept. Manche schwören auf die Niedriggarmethode, einige arbeiten nur mit hohen Temperaturen, andere wählen den Mittelweg. Machen Sie Ihre Wahl am besten davon abhängig, wie viel Zeit Sie für die Zubereitung aufwenden wollen. Ein gelungener Braten braucht seine Zeit, erst recht, wenn Sie sich für die Niedriggarmethode entscheiden. Auch wenn es länger dauert: Das Ergebnis ist es unbedingt wert.

Vorwort

Das Thema „Fleisch in der Ernährung" wird kontrovers diskutiert. Ich gehöre zu denen, die gern Fleisch essen und auch nicht darauf verzichten wollen. Allerdings setze ich es eher weniger oft auf den Speiseplan, mache aber in punkto Qualität keinerlei Abstriche. Und das sollten Sie auch nicht tun. Denn aus qualitativ minderwertigem Fleisch lässt sich einfach nichts Leckeres zaubern.

In diesem Buch finden Sie Bratenrezepte sowohl vom Rind, Kalb und Schwein als auch vom Lamm, Wild und Geflügel. Für jeden ist also etwas dabei.

Ich wünsche Ihnen viel Spaß bei der Zubereitung.

Janny Hebel

Schweinekrustenbraten S.48

Lammrücken im Schinkenmantel S.74

LECKERE
Saftige Braten

Damit dem Genuss eines leckeren saftigen Bratens nichts im Wege steht, gilt es, auch vor der eigentlichen Zubereitung einige grundlegende Dinge zu beachten.

WORAN SIE QUALITÄT ERKENNEN

Beim Einkauf sollten Sie darauf achten, dass das Fleisch ein saftig glänzendes Aussehen hat. Sieht es eher „schmierig" aus, sollten Sie vom Kauf unbedingt Abstand nehmen. Für alle Fleischsorten gilt, dass sie im Rohzustand einen neutral milden bis leicht säuerlichen Duft verströmen sollten. Riechen sie unangenehm oder leicht süßlich, spricht das für mindere Qualität und Frische. Frisches, hochwertiges Fleisch verliert außerdem nicht viel Wasser und gibt nicht nach, wenn Sie einen „Drucktest" machen. Rindfleisch sollte dunkelrot, Schweinefleisch hellrosa und glänzend aussehen. Lammfleisch ist appetitlich rosa. Wild sollte dunkelrot, Geflügel nicht gräulich sein.

WIE SIE FLEISCH RICHTIG LAGERN

Wenn Sie das Fleisch im Voraus einkaufen, müssen Sie es unbedingt aus der Verpackung nehmen. Tupfen Sie es dann direkt mit Küchen-

... vom Rind, Kalb & Schwein

Apfelschmorbraten

ZUTATEN *(für 4 – 6 Personen)*

1 kg Schweinebraten	400 ml Cidre (Apfelwein)
(aus dem Rücken)	2 säuerliche Äpfel
2 EL Honig	(z. B. Boskop)
Salz, Pfeffer	einige Zweige Majoran
2 EL Butter	bzw. Oregano
2 EL Öl	3 Zwiebeln

Apfelschmorbraten

ZUBEREITUNG

DAS FLEISCH waschen und mit Küchenkrepp trocken tupfen. Dann mit Honig bestreichen und mit Salz und Pfeffer würzen. Butter und Öl zusammen erhitzen und das Fleisch von allen Seiten darin anbraten. Mit dem Apfelwein ablöschen.

DIE ÄPFEL schälen, vierteln und das Kerngehäuse entfernen. Zusammen mit den Majoran- bzw. Oreganozweigen zum Braten geben und zugedeckt ca. 30 Minuten schmoren. Die Zwiebeln abziehen, würfeln und hinzufügen. Weitere 20 Minuten schmoren.

BRATEN UND ZWIEBELN aus dem Bratenfond nehmen und warm stellen. Die Majoran- bzw. Oreganozweige ebenfalls aus dem Bratenfond herausnehmen. Den Bratenfond pürieren und mit Salz und Pfeffer abschmecken.

DEN BRATEN in Scheiben schneiden und zusammen mit den Zwiebeln und der Sauce anrichten

TIPP: *Dazu sind Rösti, Kroketten oder Pommes Dauphine wunderbare Beilagen.*

ZUTATEN *(für 4 Personen)*

800 g gekochter Schinken am Stück
1 Ananas
10 Gewürznelken
300 ml Rotwein (am besten aus Burgund)
Speisestärke

AUSSERDEM:
Holzspieße

Burgunder-Schinkenbraten

MIT ANANAS

ZUBEREITUNG

DEN SCHINKEN in eine Auflaufform legen. Die Ananas schälen und in Scheiben schneiden. Die Ananasscheiben auf der Oberfläche und an den Seiten des Schinkens mit Holzspießen gut feststecken. Anschließend mit Nelken spicken. Etwas Wein darübergeben und bei 180°C (Ober- und Unterhitze) auf die mittlere Schiene für 90 Minuten in den vorgeheizten Backofen geben. Den Braten dabei immer wieder (am besten alle 15 Minuten) mit Rotwein begießen.

DEN SCHINKEN aus dem Backofen nehmen und die Nelken entfernen. Die Ananasscheiben vom Schinken lösen und diesen fest in Alufolie einschlagen.

DEN BRATENFOND in einen Topf geben und aufkochen. Die Sauce andicken. Dafür die Speisestärke in Wasser auflösen und löffelweise hineingeben. Eventuell noch mit Salz und Pfeffer abschmecken.

DEN SCHINKENBRATEN aus der Folie nehmen und in Scheiben schneiden. Auf den Tellern anrichten, mit Sauce nappieren und servieren.

Burgunder-Schinkenbraten

MIT ANANAS

Châteaubriand

ZUTATEN

(für 4 Personen)
1 kg Rinderfilet
Öl zum Anbraten
Salz, Pfeffer aus der Mühle

FÜR DIE MARINADE:

1 unbehandelte Limette
10 Wacholderbeeren
4 Pimentkörner
6 EL ÖL

FÜR DIE SAUCE BÉARNAISE:

2 TL Pfefferkörner
400 ml Weißwein
4 EL Weißweinessig
1 Bund Estragon
200 g Butter
2 unbehandelte Zitronen
5 Eigelb
Mark von 1 Vanilleschote

EINFACHE VERSION
SAUCE BÉARNAISE:

2 Eigelb
1 EL Zitronensaft
1 TL Senf (Dijon)
1 EL Crème fraîche
1 TL Zucker
150 g Butter
2 EL Estragon (gehackt)
Salz, Pfeffer

Châteaubriand

ZUBEREITUNG

DIE LIMETTE waschen, trocknen und die Schale abreiben. Zusammen mit Wacholderbeeren und Pimentkörnern im Mörser fein zerstoßen. Das Rinderfilet waschen, mit Küchenkrepp trocken tupfen und in einen Gefrierbeutel geben. 6 EL Öl und die Wacholder-Piment-Mischung dazugeben, den Beutel verschließen und das Fleisch über Nacht marinieren.

FÜR DIE BASIS der Sauce béarnaise eine Estragonreduktion herstellen. Dafür die Pfefferkörner zerdrücken und mit Wein, Essig und 3 Estragonzweigen in einen Topf geben. Zur Hälfte einkochen lassen. Die Butter bei mittlerer Hitze so lange kochen, bis sie leicht bräunlich wird. Danach sofort durch ein Küchentuch in einen anderen Topf gießen.

DEN BACKOFEN auf 160 °C Umluft vorheizen. Das Filet aus der Marinade heben und trocken tupfen. Die Marinade im Beutel in eine Schüssel gießen und zur Seite stellen. Das restliche Öl erhitzen und das Fleisch darin rundherum anbraten, bis es appetitlich gebräunt ist. Mit Salz und Pfeffer würzen. Das Fleisch auf ein mit Alufolie ausgelegtes Backblech legen und auf der mittleren Schiene im Backofen ca. 30 Minuten garen. Dabei mehrmals wenden. Anschließend aus dem Ofen nehmen und in Alufolie gewickelt ca. 5 Minuten ruhen lassen.

VON DEN VORHER mit heißem Wasser gründlich abgewaschenen Zitronen die Schale abreiben. Die Estragonreduktion durchsieben und mit Eigelb und Vanillemark im heißen Wasserbad cremig aufschlagen. Hier ist Vorsicht geboten: Die Eimischung darf nicht zu heiß werden, sonst ist Rührei das Ergebnis. Sie muss ständig weitergeschlagen werden. Wenn ihre Konsistenz cremig genug ist, sofort aus dem heißen Wasserbad nehmen und in ein anderes Gefäß schütten. Dann mit Salz würzen. Die geklärte Butter erwärmen und in einem dünnen Strahl langsam unter die Eigelbcreme rühren. Den restlichen Estragon fein schneiden

und unterrühren. Die Sauce
béarnaise abschmecken, zusammen mit dem Filet anrichten und
servieren.

 lässt sich
auch auf einfachere Weise herstellen. Dazu das Eigelb mit Zitronensaft, Senf, etwas Salz, Zucker und
Crème fraîche in ein hohes Gefäß
geben und mit einem Pürierstab
glatt pürieren. Nun die Butter bei
mittlerer Hitze so lange kochen,
bis sie leicht bräunlich wird. Die
Butter sofort durch ein Küchentuch in einen anderen Topf gießen.
Dann langsam in einem dünnen
Strahl zur Eigelb-Crème-fraîche-
Mischung geben. Während-
dessen den Pürierstab weiter-
laufen lassen. Mit Salz, Pfeffer
und Estragon würzen

TIPP: *Dazu gehört eine Gemüse-
platte. Zusätzlich kann man Pommes
frites oder einen Kartoffelgratin
reichen.*

ZUTATEN

(für 4 Personen)
1 kg Rinderfilet (Mittelstück)
Salz, Pfeffer
1 EL Mehl
Olivenöl

FÜR DIE PILZFARCE:

400 g frische Champignons
4 Schalotten, fein ge-
schnitten
30 g Butter
50 ml Madeira
50 ml Sahne
3 EL glatte Petersilie
(gehackt)
150 g Gänseleberpastete
(Dose)

FÜR DEN TEIG:

2 Pk. Blätterteig (à 300 g)
1 Eiweiß
1 Eigelb (mit etwas Wasser
verquirlt)

FÜR DIE SAUCE:

Öl
2 Schalotten, fein ge-
schnitten
100 ml Madeira
300 ml Rinderfond (Glas)
Worcestersauce
1 Trüffel, fein gehackt
Sahne

Filet Wellington

TIPP: *Wem Gänseleberpastete und Trüffel
zu kostenintensiv sind, kann stattdessen
eine gute Leberwurst und ein paar zermahlene
Wacholderbeeren in die Sauce geben.*

ZUBEREITUNG

FÜR DIE PILZFARCE zunächst die Champignons gründlich putzen und fein hacken. In einem Topf die Schalotten in Butter anschwitzen, die Champignons hinzufügen und andünsten. Auf großer Hitze beides so lange schmoren, bis die Flüssigkeit verdampft ist. Madeira und Sahne unterrühren und alles weiter schmoren, bis keine Flüssigkeit mehr vorhanden ist. Mit Salz und Pfeffer würzen, die gehackte Petersilie untermischen und das Ganze abkühlen lassen.

DAS FLEISCH unter kaltem Wasser abspülen und trocken tupfen. In einer großen Pfanne Öl erhitzen. Das Fleisch rundherum salzen und pfeffern, leicht mit Mehl bestäuben und von allen Seiten bei mittlerer Hitze anbraten, bis es appetitlich gebräunt ist. Aus der Pfanne nehmen, fest in Alufolie einschlagen und in eine Auflaufform legen (um evtl. heraustretenden Fleischsaft aufzufangen. Er wird mit dem Bratensatz für die Sauce noch benötigt.).

FÜR DIE SAUCE in die Pfanne etwas Öl geben. Die fein geschnittenen Schalotten anschwitzen, dann Madeira und Rinderfond nach und nach zugießen. Auf großer Hitze auf ein

Filet Wellington

Drittel der Flüssigkeit einkochen. Dann in einen kleineren Topf gießen und den zuvor aufgefangenen Fleischsaft dazugeben. Mit Worcestersauce, fein gehacktem Trüffel und Sahne abschmecken.

DIE ERKALTETE PILZFARCE und die Gänseleberpastete mit den Händen gut vermengen.

DIE AUFGETAUTEN Blätterteigscheiben zu einem langen Rechteck aneinanderlegen. Dabei sollten sich die Scheiben ca. 1 cm überlappen. Die Ränder mit Eiweiß bestreichen. Die Teigplatte so groß ausrollen, dass das Filet darin eingerollt werden kann. Die Seitenteile vom Teig etwas abschneiden, zur Seite legen und nicht zusammenkneten. Sie finden bei der Dekoration Verwendung.

DEN BLÄTTERTEIG in der Größe des Filets mit der Pilzfarce bestreichen. Das abgekühlte Rinderfilet darauf legen, alle Seiten vom Fleisch mit der restlichen Farce bestreichen und diese leicht andrücken. Den Teig darüber zusammenfalten, die Ränder mit Eiweiß bestreichen und sorgfältig aneinanderkleben. Die Teigreste mit Eiweiß auf dem „Teigpaket" aufkleben.

EIN BACKBLECH mit Backpapier auslegen und das Filet im Teig mit der Naht zuunterst darauf setzen. Ca. eine Stunde vor dem Servieren den Backofen auf 200 °C vorheizen. Das Teigpaket mit verquirltem Eigelb bestreichen und mehrmals einstechen, damit beim Backen im Ofen der Dampf entweichen kann. Das Filet auf der mittleren Schiene 35 Minuten backen. Sollte der Blätterteig zu dunkel werden, mit etwas Backpapier abdecken. Nach Ende der Backzeit den Ofen ausschalten, die Tür öffnen und das Fleisch noch 10 – 15 Minuten ruhen lassen. In der Zwischenzeit die Sauce noch einmal erhitzen und abschmecken.

DAS FILET WELLINGTON in nicht zu dicke Scheiben tranchieren und auf den Tellern anrichten. Die Sauce separat dazu servieren. Als Gemüse passen Möhren oder auch Broccoli sehr gut.

Gefüllte Kalbsbrust

MIT GLASIERTEN ÄPFELN

ZUTATEN *(für 8 Personen)*

2 kg Kalbsbrust	
6 rote Äpfel	
1 EL Butter	
3 EL Olivenöl	
2 EL Honig	
Salz, Pfeffer	

FÜR DIE FÜLLUNG:

2 Scheiben Toastbrot   250 g Champignons
6 dünne Scheiben   50 g Butter
Schinkenspeck   ½ Bund Petersilie
1 Zwiebel   2 Eier, 2 EL Sahne
2 Knoblauchzehen   Salz, Pfeffer

Gefüllte Kalbsbrust

MIT GLASIERTEN ÄPFELN

ZUBEREITUNG

BEIM EINKAUF des Fleisches vom Metzger eine Tasche zum Befüllen der Kalbsbrust einschneiden lassen.

FÜR DIE FÜLLUNG Toastscheiben rösten und grob zerpflücken. Schinkenspeck klein schneiden. Zwiebel und Knoblauchzehen abziehen, Champignons putzen und wie die Zwiebel und Knoblauchzehen grob würfeln. Diese 3 Zutaten in einem Topf 5 Minuten in der Butter unter Rühren andünsten. Dann zusammen mit Petersilie, Eiern, Toastbrot, Schinkenspeck, Sahne, Salz und Pfeffer im Mixer pürieren. Die Masse in die Fleischtasche füllen und mit Küchengarn zunähen.

DEN BACKOFEN auf 180°C Ober- und Unterhitze (Umluft: 170°C) vorheizen. Die Kalbsbrust salzen und pfeffern und im Bräter in Öl anbraten. Dann im Ofen ca. 90 Minuten weitergaren. Dabei zu Anfang ab und zu mit etwas Wasser (kleines Glas) und später mit Bratensaft begießen.

DIE ÄPFEL waschen, je nach Größe halbieren bzw. vierteln und in einem Topf rundherum in Butter und Öl anbraten. Honig hinzufügen. Sobald die Äpfel zu karamellisieren beginnen, den Topf von der heißen Herdplatte nehmen. Leicht salzen und pfeffern. Ca. 30 Minuten vor Ende der Garzeit die Kalbsbrust mit den Äpfeln umlegen.

ZUM SERVIEREN Kalbsbrust auf eine vorgewärmte Platte legen, Küchengarn entfernen und das Fleisch tranchieren. Die glasierten Äpfel und den Bratensaft dazu reichen.

ZUTATEN
(für 8 Personen)
4 Zwiebeln
2 Knoblauchzehen
4 Möhren
4 Stangen Staudensellerie
4 EL Butter
8 Kalbhaxenscheiben
à ca. 350 g, quer zum
Knochen gesägt
Salz, Pfeffer
Mehl
4 EL Olivenöl
¼ l Weißwein
1 kg reife Tomaten (oder
Dosentomaten)
1 Bund Petersilie
½ l Kalbsfond
4 Zweige Thymian
2 Zweige Oregano
3 Lorbeerblätter

FÜR DIE
GEWÜRZMISCHUNG
(GREMOLATA):
Schalenabrieb von 2 Bio-
zitronen
2 Bund glatte Petersilie
2 Knoblauchzehen

Kalbshaxe

ZUBEREITUNG

ZWIEBELN und Knoblauchzehen abziehen und würfeln. Möhren und Staudensellerie waschen, schälen und würfeln. In einem großen Bräter die Butter bei mittlerer Hitze zerlassen und Zwiebeln, Knoblauch und Gemüse unter Rühren darin schmoren, bis sie leicht Farbe angenommen haben. Dann den Bräter von der Herdplatte nehmen.

DAS FLEISCH waschen, mit Küchenkrepp trocken tupfen und mit Küchengarn gut zusammenbinden, damit es seine Form behält. Anschließend salzen, pfeffern und in Mehl wenden. Öl in einer Pfanne erhitzen und das Fleisch portionsweise (damit das Fett nicht herunterkühlt) bei mittlerer Hitze anbraten. Dann herausnehmen und auf das Gemüse in den Bräter setzen.

NACH DEM ANBRATEN des Fleisches das Öl abgießen. Den Bratensatz mit Weißwein aufko-

Kalbshaxe

chen. Dabei kräftig rühren, damit der Bratensatz sich vollständig löst. Auf die Hälfte einreduzieren und kurz von der Herdplatte ziehen. Den Backofen auf 160 °C Umluft (180 °C Ober- und Unterhitze) vorheizen.

DIE FRISCHEN TOMATEN häuten. Dafür die Haut einschneiden und die Tomaten mit heißem Wasser übergießen. Die Tomaten halbieren, von den Kernen befreien und das Fruchtfleisch würfeln. Die Petersilie waschen und grob hacken. Den einreduzierten Bratensatz mit der Hälfte des Kalbsfonds aufgießen. Petersilie, Thymian, Oregano, Lorbeerblätter und die Tomaten dazugeben und alles aufkochen lassen. Mit Salz und Pfeffer würzen und über das Fleisch gießen. Dann in den Ofen geben und ca. 3 Stunden schmoren. Dabei alle 30 Minuten das Fleisch mit dem restlichen Kalbsfond begießen.

FÜR DIE GEWÜRZMISCHUNG die Zitronen heiß abwaschen und die Schale abreiben. Die Petersilie waschen und sehr fein hacken. Die Knoblauchzehen abziehen, sehr fein würfeln oder hacken. Alles miteinander vermischen.

DAS FLEISCH in eine Schüssel geben, die Sauce darüber schöpfen und mit der Gewürzmischung bestreuen.

TIPP: *Zur geschmorten Kalbshaxe passen Rosmarinkartoffeln sehr gut.*

INFO: *Die Gremolata ist eine Kräuter-Würzmischung, die in der lombardischen Küche verwendet wird. Die klassische Gremolata besteht aus glatter Petersilie, Zitronenabrieb bzw. -zesten und Knoblauch. Diese Gewürzmischung wird den Gerichten erst am Ende der Garzeit beigegeben, damit die frischen Aromen erhalten bleiben.*

ZUTATEN *(für 4 Personen)*

1 kg Kalbsnuss	4 EL Olivenöl
2 Salbeizweige	1 EL Butter
1 Rosmarinzweig	2 Knoblauchzehen
6 Thymianzweige	1 l Milch
Salz	150 ml Rahm
schwarzer Pfeffer	1 EL eingelegter grüner Pfeffer

Kalbsbraten an Rahmsauce

ZUBEREITUNG

SALBEI, ROSMARIN und Thymian waschen. Die Blätter und Nadeln von den groben Stielen entfernen und klein hacken. Die Kräuter mit 2 EL Öl vermengen und die Kalbsnuss damit gleichmäßig einreiben. Das Fleisch 1–2 Std. ziehen lassen. Dann mit Salz und Pfeffer würzen. In einem Schmortopf das restliche Öl und die Butter erhitzen und das Fleisch nicht zu heiß darin von allen Seiten anbraten.

KNOBLAUCHZEHEN schälen, halbieren und 3–4 Minuten mit braten. In einem Topf die Milch aufkochen und den Kalbsbraten damit begießen. Salbei und Rosmarin hinzufügen. Auf kleiner Stufe ca. 1 Std. schmoren lassen. Dabei zwischendurch immer wieder mit Milch übergießen. (Dabei kann die Milch gerinnen und unansehnlich werden. Das beeinträchtigt aber weder die Zubereitung noch die Geschmacksqualität.) Dann den Braten in Alufolie wickeln und warm stellen.

DIE MILCH durch ein feines Sieb in einen Topf gießen und auf hoher Stufe gut einkochen lassen. Den Rahm hinzufügen. Die Pfefferkörner in einem kleinen Sieb unter warmem Wasser kurz abspülen und ebenfalls dazugeben. Die Sauce nochmals einkochen lassen und mit Salz abschmecken. Den Braten in dünne Scheiben schneiden und mit Sauce übergießen. Die restliche Sauce separat dazu servieren.

Kalbsbraten an Rahmsauce

TIPP: *Wenn die Sauce sämiger werden soll, kann man sie zum Schluss mit etwas Mehlbutter binden. Dafür mit einer Gabel 1 EL weiche Butter und 1 EL Mehl gut verkneten und flockenweise in die kochende Sauce geben, bis diese die gewünschte Konsistenz erreicht hat.*

Kalbsbraten mit Marsala

TIPP: Dazu sind glasierte Möhren,
Petersilienwurzeln oder Pastinaken
perfekte Beilagen. Ein luftiges Kartoffel-
püree ergänzt das Gericht wunderbar.

ZUTATEN *(für 6 Personen)*

2 EL Olivenöl
Abrieb von 1 Biozitrone
Abrieb von ½ Bioorange
5 EL Marsala
Salz, Pfeffer, Muskat
1,3 kg Kalbsschulter
2 Zwiebeln, 2 Knoblauchzehen
400 ml Kalbsfond

FÜR DIE SAUCE:
50 ml Marsala
4 EL eisgekühlte Butter
1 EL Thymianblättchen
Zitronenschale
Salz, Pfeffer

AUSSERDEM: Küchengarn

Kalbsbraten mit Marsala

ZUBEREITUNG

AUS ÖL, Zitronenschale, Orangenschale, Marsala, Salz, Pfeffer und Muskat eine Marinade zubereiten. Das Fleisch rundherum damit einmassieren und mindestens 1 Stunde ziehen lassen.

ZWIEBELN und Knoblauchzehen abziehen und würfeln. Zwiebel- und Knoblauchwürfel in einer Auflaufform verteilen, das Fleisch darauf setzen und den Kalbsfond angießen.

DEN BACKOFEN auf 220 °C (Umluft) vorheizen. Die Auflaufform mit dem Fleisch für 15 Minuten auf die untere Schiene in den Backofen stellen. Nach 15 Minuten die Temperatur auf 150 °C reduzieren (am besten den Wecker stellen), das Fleisch auf die mittlere Schiene setzen und weitere 60 Minuten garen. Dann den Backofen ausschalten und den Braten für weitere 10 Minuten im Backofen ruhen lassen.

FÜR DIE SAUCE den Bratenfond in einen Topf geben, Marsala angießen, aufkochen und pürieren. Die kalte Butter flöckchenweise mit dem Stabmixer unterrühren und die Sauce mit Thymian, Salz, Pfeffer und Zitronenschale abschmecken.

DAS FLEISCH tranchieren, auf den Tellern anrichten und mit der Sauce nappieren.

ZUTATEN
(für 6 Personen)

EINLEGEN/VORBEREITEN:
1,5 kg Rindfleisch
2 Zwiebeln
10 Pfefferkörner
5 Pimentkörner
5 Nelken
2 Lorbeerblätter
700 ml Rotweinessig
700 ml Wasser

ZUBEREITEN:
Öl
Marinade
Speisestärke
Wasser

Sauerbraten vom Rind

EINLEGEN

DAS FLEISCH im ersten Schritt gründlich abspülen und in eine hohe Schüssel legen. Dann die Zwiebeln abziehen, fein würfeln und zusammen mit den Gewürzen dazugeben. Für die Marinade Essig mit Wasser mischen und über den Braten gießen, so dass das Fleisch ganz bedeckt ist. Mit Frischhaltefolie abdecken und mindestens 4 Tage im Kühlschrank kühl stellen. Nach 2 Tagen das Fleisch einmal in der Marinade wenden. Täglich kontrollieren, ob das Fleisch noch von der Marinade bedeckt ist. Sonst die nötige Menge an Marinade nachgießen.

VARIATION

EINE MARINADE mit Suppengrün, Knoblauch und diversen Kräutern herstellen. Statt Essig Rotwein, Weißwein oder Balsamico verwenden. Um den Geschmack der Marinade zu intensivieren, diese vorher mit allen Zutaten ca. 5 Minuten aufkochen, den Sud erkalten lassen und erst dann das Fleisch einlegen.

Sauerbraten vom Rind

ZUBEREITEN

DAS FLEISCH aus der Marinade heben und mit Küchenkrepp trocken tupfen. Öl in einem Bräter erhitzen und das Fleisch darin von allen Seiten kräftig anbraten. Wenn das Fleisch die gewünschte Bräunung angenommen hat, mit einer Kelle Marinade ablöschen und bei geschlossenem Deckel auf kleiner Stufe köcheln lassen. Zwischendurch immer wieder kontrollieren, ob noch genug Flüssigkeit im Topf ist. Ansonsten etwas Marinade nachgießen.

DAS FLEISCH nach 1,5 Stunden herausheben, in Alufolie einwickeln und warm stellen. Die Sauce kräftig aufkochen, so dass sich der Bratensatz löst (wichtig!). Die Speisestärke in Wasser und dann esslöffelweise in die kochende Sauce einrühren, bis die gewünschte Konsistenz erreicht ist.

WER DIE SAUCE gern noch würziger mag, gibt die Gewürze und Zwiebeln der Marinade nach dem Ablöschen mit in den Bratensud und lässt sie mitkochen. Dann die Sauce vor dem Binden einmal durch ein Sieb gießen.

TIPP: *Um die Sauce zu verfeinern, kann man Preiselbeeren, Pflaumenmus, Honig, dunkle Schokolade, Lebkuchen, Printen o. Ä. einarbeiten. Dabei aber vorsichtig dosieren, damit die süßen Zutaten den Geschmack der Sauce nicht dominieren.*

Rinderbraten

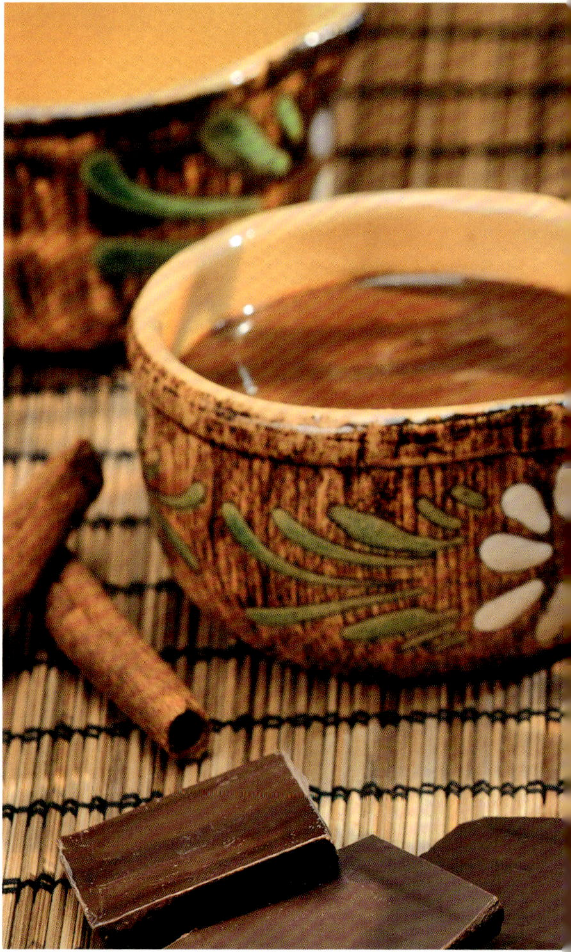

ZUTATEN
(für 8 Personen)
2 Zwiebeln
¼ Knollensellerie
2 Möhren
Öl
1,5 kg Rinderschulter
1 EL Puderzucker
1 EL Tomatenmark
5 EL Cognac
500 ml kräftiger Rotwein
1 l Geflügelbrühe
1 Zimtstange
1 TL Pfefferkörner
2 Lorbeerblätter
1 TL Pimentkörner
6 Wacholderbeeren
4 EL milder Balsamicoessig
2–4 Stk. dunkle Schokolade
(ab 50 % Kakaoanteil)
Salz, Pfeffer

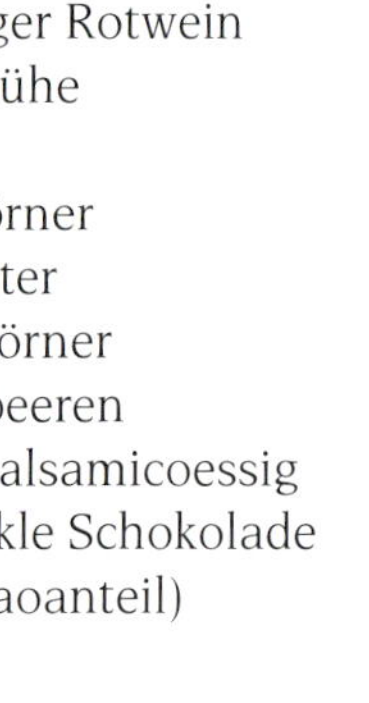

„Boeuf à la mode"

Rinderbraten

ZUBEREITUNG

ZWIEBELN UND GEMÜSE schälen und grob würfeln.

DAS ÖL in einer Kasserolle bzw. in einem großen Topf erhitzen, das Fleisch bei mittlerer Hitze von allen Seiten anbraten und wieder herausheben.

DEN PUDERZUCKER hineingeben und hell karamellisieren. Das Tomatenmark einrühren und ebenfalls kurz schmoren. Mit Cognac und etwas Rotwein ablöschen und sämig einköcheln lassen. Den übrigen Rotwein in 2 Etappen angießen und ebenfalls einköcheln lassen. Das Gemüse dazugeben und kurz anschwitzen.

„Boeuf à la mode"

DAS FLEISCH wieder hineinsetzen und so viel Brühe angießen, dass es bedeckt ist. Bei leicht geöffnetem Deckel und geringer Hitze (soll nur leicht köcheln) etwa 3,5 Stunden schmoren, dabei den Braten ab und zu wenden. Nach 2,5 Stunden Zimt, Lorbeerblätter, Pfeffer- und Pimentkörner sowie die Wacholderbeeren dazugeben.

NACH DEM ENDE DER GARZEIT das Fleisch aus der Sauce nehmen und warm stellen. Die Sauce durch ein Sieb gießen, noch einmal aufkochen und mit Balsamico, Schokolade, Salz und Pfeffer abschmecken. Wer die Sauce sämiger bevorzugt, dickt sie mit in Wasser aufgelöster Speisestärke an.

VOR DEM SERVIEREN den Braten in fingerbreite Scheiben schneiden und mit der Sauce nappieren. Dazu schmeckt ein Kartoffel-Sellerie-Püree exzellent.

ZUTATEN

(für 4 Personen)

FÜR DEN BRATEN:
1 kg Rinderfilet, ohne
Knochen und Sehnen
5 Wacholderbeeren, zerstoßen
Rosmarin, Thymian (oder
andere Kräuter nach
Belieben)
Öl, Salz, Pfeffer

FÜR DEN SALZTEIG:
500 g Mehl
500 g Salz (vorzugsweise
Meersalz)
100 ml Wasser
2 Eier

FÜR DIE
ROTWEINSCHALOTTEN:
4 Schalotten
2 rote Zwiebeln
1 Knoblauchzehe
1 Zweig Rosmarin
2 Zweige Thymian
2 EL Zucker
200 ml Rotwein
200 ml Portwein oder
Madeira
Butter zum Binden

im Salzteigmantel

Rinderfilet

ZUBEREITUNG

DAS FILET mit Salz und Pfeffer würzen, von allen Seiten in heißem Öl anbraten und mit Küchenkrepp trocken tupfen.

FÜR DEN SALZTEIG alle Zutaten mit einem Handmixer kurz zusammenkneten und 15 Minuten ruhen lassen. Danach den Teig zwischen 2 Bögen Backpapier auf eine Stärke von ca. 3 – 4 mm ausrollen. Die Hälfte von den Wacholderbeeren, vom Rosmarin und Thymian auf den Salzteig geben, das Rinderfilet darauf legen und die andere Hälfte der Wacholderbeeren und Kräuter auf dem Fleisch verteilen. Anschließend das Filet im Salzteig einrollen. Die beiden Enden schließen und das Fleisch beiseitestel-

im Salzteigmantel

MIT ROTWEINSCHALOTTEN

len. Vor der weiteren Zubereitung erst die anderen benötigten Zutaten vorbereiten und bereitstellen.

DAS FLEISCH IM SALZ-TEIG im vorgeheizten Backofen bei 190° C ca. 20 Minuten garen. Anschließend mit einer Rouladennadel den Garpunkt überprüfen. Dafür in das Fleisch hineinstechen und die Nadel wieder herausziehen. Das untere Ende der Nadel, das im Fleisch gesteckt hat, an die Lippe halten, um die Temperatur zu prüfen. Ist die Nadel dort warm, ist es das Fleisch auch. Der anhaftende Fleischsaft zeigt außerdem den Garungsgrad an. Je weniger „blutig-rot" der Saft, umso durchgegarter das Fleisch. Eventuell nachgaren. Das Fleisch aus dem Ofen nehmen und im Salzmantel 2–3 Minuten ruhen lassen.

FÜR DIE ROTWEIN-SCHALOTTEN Zwiebeln, Schalotten und Knoblauch abziehen. Zwiebeln in feine Streifen schneiden. Die Schalotten halbieren und den Knoblauch andrücken. In einem kleinen Topf den Zucker karamellisieren. Die Zwiebelstreifen dazugeben und kurz anbraten. Mit Rotwein und Portwein bzw. Madeira ablöschen. Anschließend Rosmarin und Thymian, Schalotten und Knoblauch dazugeben. Die Sauce auf ca. 100 ml einkochen lassen. Knoblauch und Kräuter wieder herausnehmen. Etwas eisgekühlte Butter einrühren, um die Sauce zu binden.

TIPP: *Zu diesem Braten sind ein Kartoffel-Sellerie-Püree oder ein Kartoffel-Stielmus-Gemüse eine wunderbare Ergänzung.*

ZUTATEN

(für 4–6 Personen)
1 kg Rindfleisch (von der
Zunge oder Tafelspitz)
2 Zwiebeln (ungeschält)
1 Stange Lauch
1 Stück Knollensellerie
2 Möhren
2 Zweige Liebstöckel
4 Pfefferkörner
2 Lorbeerblätter
Salz

FÜR DIE ZWIEBELSAUCE:

7 Zwiebeln
500 ml Brühe (Suppe)
3 EL Butter
1–2 EL Mehl
milder Essig, Salz
körniger Senf
Zucker

FÜR DIE MEERRETTICHSAUCE:

1 Schalotte
1 EL Butter, Mehl
ca. 100 ml Weißwein
1 Becher Sahne
1 EL Crème fraîche
1 Schöpfkelle Brühe (Suppe)
2–4 TL Tafelmeerrettich
(Glas)
Salz

FÜR DIE SCHNITTLAUCHSAUCE:

1 Ei, 1 Eigelb
150 ml Öl
2 Scheiben Toastbrot
Salz, Pfeffer
2 Bund Schnittlauch

Rindfleisch

TIPP: *Dazu schmecken
Salzkartoffeln sehr gut.*

mit verschiedenen Saucen

Rindfleisch

ZUBEREITUNG

DAS RINDFLEISCH abwaschen, in einen Topf mit Wasser geben (Fleisch muss bedeckt sein) und zum Kochen bringen. Den sich bildenden Schaum immer wieder mit der Kelle abschöpfen. Wenn sich kein Schaum mehr bildet, Salz, gewaschenes und grob zerkleinertes Suppengemüse, die halbierten Zwiebeln mit Schale (damit sich die Flüssigkeit nicht eintrübt) und den gewaschenen Liebstöckel, die Pfefferkörner sowie die Lorbeerblätter hinzufügen. Zugedeckt bei schwacher Hitze ca. 2 Stunden köcheln lassen. Das Fleisch anschließend herausheben, Die Lorbeerblätter und Zwiebelhälften herausnehmen und die Suppe durch ein Haarsieb oder Baumwolltuch passieren. Die Rindfleischbrühe wird für die Zubereitung der verschiedenen Saucen benötigt: für die Zwiebelsauce 500 ml, für die Meerrettichsauce ca. eine Schöpfkelle und für die Schnittlauchsauce ca. 10 Esslöffel. Aus der restlichen Brühe lässt sich mit Markklößchen, Eierstich und klein gewürfeltem Suppengemüse eine leckere Vorsuppe zubereiten. Oder man hebt die Brühe für ein Risotto am nächsten Tag auf bzw. friert sie ein.

FÜR DIE ZWIEBELSAUCE die Zwiebeln schälen, fein würfeln und in einem Topf in der Butter glasig dünsten. Mit dem Mehl bestäuben (je mehr Mehl man verwendet, desto dickflüssiger wird die Sauce. Die Brühe unter ständigem Rühren angießen und die Zwiebeln im offenen Topf und bei geringer Hitze gar kochen. Anschließend mit Essig, Salz, Senf und Zucker abschmecken. Wenn die Sauce noch nicht sämig genug ist, weiter einreduzieren oder zusätzlich andicken. Das Rindfleisch in Scheiben schneiden und zum Erwärmen in die Sauce legen.

FÜR DIE MEERRETTICHSAUCE die Schalotte abziehen und fein würfeln. Dann in der Butter bei mittlerer Temperatur farblos anschwitzen. Etwas Mehl dazugeben und mit dem Schneebesen 2 Minuten gründlich verrühren. Dann mit Weißwein ablöschen und weiterhin gut rühren, bis keine Klümpchen mehr vorhanden sind. Dann Sahne, Crème fraîche und ca. eine Schöpfkelle Brühe (siehe oben) in die Sauce geben und erwärmen. Die Sauce mit Meerrettich und Salz nach Belieben abschmecken.

FÜR DIE SCHNITTLAUCHSAUCE das Ei hart kochen und pellen. Das gekochte Ei halbieren, das Eigelb herauslösen und das Eiweiß für die spätere Verwendung zurückstellen. Das Eigelb durch ein Sieb streichen und mit dem rohen Eigelb glatt verrühren. Das Öl tropfenweise unter ständigem Rühren mit dem Schneebesen hinzufügen, so dass es sich mit der Eigelbmasse zu einer geschmeidigen Mayonnaise verbindet. Vom Brot die Rinde entfernen, zerbröseln und mit 10 EL von der Rindfleischbrühe glatt rühren. Wenn die Brotmasse abgekühlt ist, mit der Mayonnaise verrühren und mit Salz und Pfeffer würzen. Den vorher gewaschenen Schnittlauch in feine Röllchen schneiden und das übrige gekochte Eiweiß fein hacken. Beides mit der Sauce vermengen.

ZUTATEN *(für 4 Personen)*

1 Bund Schnittlauch	Salz
300 g Schweinefilet	Pfeffer
300 g Zucchini	2 Zweige Rosmarin
2 Schalotten	5 Zweige Thymian
1 Knoblauchzehe	150 ml Schlagsahne
5 EL Olivenöl	40 g Parmesan

Sauenfilet im Zucchinimantel

ZUBEREITUNG

DEN SCHNITTLAUCH waschen, trocknen und in feine Röllchen schneiden.
Das Schweinefilet parieren (von Haut und Sehnen befreien). Die Filetspitze
und ein Stück vom Filetkopf (insgesamt ca. 180 g) abschneiden, klein
würfeln und für ca. 15 Minuten ins Gefrierfach legen.

IN DER ZWISCHENZEIT von der Zucchini der Länge nach 8 dünne Scheiben
abschneiden. Die Schalotten und die Knoblauchzehe jeweils ungeschält
längs halbieren. Das Olivenöl in der Pfanne erhitzen. Das Schweinefilet
von allen Seiten gut anbraten und mit Salz und Pfeffer würzen. Schalotten,
Knoblauch, Rosmarin und Thymian zugeben und kurz mit braten. Die
Pfanne vom Herd nehmen und das Filet im Öl leicht abkühlen lassen.

DIE FILETWÜRFEL aus dem Gefrierfach in einen Mixer geben und mit Salz
und Pfeffer würzen. Die Sahne zugießen und alles zu einer glatten Farce
vermixen. Anschließend die Farce in eine Schale geben, Schnittlauch und
Parmesan unterheben. Dann mit Pfeffer abschmecken.

EIN STÜCK ALUFOLIE (ca. 45 x 45 cm) dünn mit der Farce bestreichen.
Die Zucchinischeiben an der langen Seite leicht überlappend darauf legen.
die restliche Farce gleichmäßig (ca. 18 x 20 cm) auf die Zucchinischeiben
streichen. Das Schweinefilet mit Küchenkrepp gründlich trocken tupfen und
quer auf die Zucchinischeiben legen. Dann leicht andrücken und mit Hilfe
der Alufolie das Ganze aufrollen. In einem Topf mit Wasser 40 Minuten gar
ziehen, das heißt, das Wasser sollte kurz unter dem Siedepunkt sein.

Sauenfilet im Zucchinimantel

ZUTATEN

(für 6 – 8 Personen)
2 kg Schweinebraten mit
Schwarte
1 TL Salz, Pfeffer
(Nach Belieben: Kümmel,
Kreuzkümmel, Fenchel etc.)
4 Knoblauchzehen
Öl
Gemüse nach Wahl,
 z. B.: Zwiebeln, Tomaten,
Fenchel, Möhren, Stauden-
sellerie, Knollensellerie,
Petersilienwurzel,
Knoblauch
Kräuter nach Wahl,
 z. B.: Thymian, Rosmarin,
Oregano
Fond und/oder Wein
Speisestärke oder Saucen-
binder

Außerdem:
FÜR VARIANTE 3:
Honig
Flüssige Butter

TIPP: *Als Beilagen zum Schweine-
krustenbraten empfehlen sich Knödel
(Semmelknödel, Brezenknödel) und
Krautsalat, Rotkohl oder Sauerkraut.*

Schweinekrustenbraten

ZUBEREITUNG

ES GIBT MEHRERE WEGE, einen saftigen leckeren Schweinekrustenbraten zuzubereiten. Hier finden Sie 3 Varianten.

AM BESTEN BITTET man beim Einkauf den Metzger seines Vertrauens, die Schwarte des Bratens rautenförmig einzuschneiden. Alternativ kann man selbst ein sehr scharfes Messer zur Hand nehmen (es geht auch mit einem neuen Teppichmesser aus dem Baumarkt, wenn ein teures Küchenmesser nicht vorhanden ist). Damit die Schwarte bis zur Fettschicht einschneiden, aber nicht das Fleisch darunter einritzen. (Dann wird das Fleisch beim Braten zäh). Anschließend Salz und Knoblauch in einen Mörser geben und zu einer Paste zerstoßen oder auf einem Brett mit einem breiten Messer zerdrücken. Diese Paste mit Pfeffer und Öl vermischen und damit den Krustenbraten einreiben. Dabei darauf achten, dass die Schwarte nicht nur von außen eingerieben wird, sondern dass die Paste auch in die Einschnitte gelangt. Im nächsten Schritt das Gemüse (nach Wahl) in einem Bräter mit einem Schuss Öl anschwitzen.

FÜR VARIANTE I den Braten mit der Schwarte nach oben auf das Gemüse setzen. Der Backofen sollte auf maximale Temperatur (Ober- und Unterhitze) vorgeheizt sein. Das Fleisch in den Backofen auf die mittlere Schiene stellen und nach 10 Minuten die Temperatur auf 140 °C reduzieren. Das Fleisch für ca. 3 Stunden im Backofen belassen. Zwischendurch etwas Fond oder auch Wein (nach Geschmack) in kleinen Schüben zugießen. Darauf achtgeben, dass nicht zu viel Flüssigkeit im Bräter steht. Stattdessen lieber öfter kleine Menge zugießen. Das Fleisch soll schließlich knusprig braun und nicht gekocht werden. Der Krustenbraten ist fertig, wenn die Schwarte goldbraun und knusprig ist und das Fleisch mit der Hand abgezogen werden kann. Dann aus dem Ofen nehmen und etwas ruhen lassen, bevor man ihn schneidet. Die Bratensauce anschließend nach Belieben binden.

Schweinekrustenbraten

FÜR VARIANTE 2 das Fleisch mit der Schwarte nach unten auf das Gemüse legen. Fond oder Wein in kleinen Schüben angießen. Den Backofen auf 200 °C Ober- und Unterhitze vorheizen und den Braten auf die mittlere Schiene geben. Dabei das Fleisch immer wieder mit dem Fond aus dem Bräter begießen. Nach 45 Minuten den Braten wenden und die Temperatur auf 160 °C reduzieren. Den Braten eine weitere Stunde garen. Danach auf ein Gitterrost heben und die Schwarte mit Salzwasser einpinseln. Den Braten auf dem Rost zurück in den Ofen geben und eine Fettpfanne darunter stellen. Die Ofentemperatur auf 200 °C Oberhitze einstellen und die Kruste braun werden lassen. Das dauert ca. 15 Minuten. Dabei darauf achten, dass die Kruste nicht zu dunkel wird. (Dann ist sie in der Regel zu hart und im wahrsten Sinn des Wortes bissfest.) Den Ofen ausschalten. Den Bratenfond durch ein Sieb in einen Topf gießen und die Sauce nach Wunsch abschmecken und andicken.

FÜR VARIANTE 3 das Gemüse nach dem Anschwitzen aus dem Bräter nehmen. Einen kräftigen Schuss Öl im Bräter erhitzen. Dann das Fleisch auf der Schwartenseite bei mittlerer Temperatur anbraten, bis diese schön gebräunt ist (dauert ca. 10 – 15 Minuten). Den Braten wenden und die andere Seite anbraten. Anschließend das Gemüse wieder dazugeben und etwas Wein angießen.

ALS NÄCHSTES die Schwarte erst mit Honig und dann mit Butter bestreichen und im vorgeheizten Backofen bei 150 °C Ober- und Unterhitze (Umluft: 130 °C, Gas: Stufe 1) auf der zweiten Einschubleiste von unten ca. 3 Stunden garen. Dann den Braten warm stellen. Die Sauce durch ein Sieb in einen Topf gießen, pürieren und abschmecken. Wem die Sauce nicht sämig genug ist, der dickt sie jetzt noch etwas an.

ZUTATEN *(für 2 Personen)*

2 Scheiben
Entrecôte vom Rind
à 200 g, mit Fettrand
Salz, Pfeffer aus der
Mühle
2 EL Butterschmalz

FÜR DIE ZW[...]
4 Zwiebeln
1 TL Toma[...]
100 ml We[...]
50 ml weiß[...]
150 ml Kal[...]
Salz, Pfeffe[...]
½ TL Major[...]
1 TL Balsan[...]

Zwiebelrost[...]

ZUBEREITUNG

FÜR DIE ZWIEBELSAUCE die Zwiebeln a[...]
schneiden und in der zerlassenen Butte[...]
Tomatenmark einrühren und kurz ansch[...]
ablöschen und die Flüssigkeit anschließe[...]
Fond dazu geben und nur noch leicht einreduzieren. Die Sauce s[...]
sämig sein. Mit Salz, Pfeffer, Majoran und Balsamicoessig abschmecken und
warm halten.

FÜR DIE RÖSTZWIEBELN die Zwiebeln abziehen und in 2–3 mm dicke Ringe
schneiden. Mit einem Gemüsehobel geht das gut und schnell. Die Zwiebelringe zusammen mit dem Mehl in einen Gefrierbeutel geben, diesen locker
verschließen und so lange schütteln, bis die Zwiebelringe mit dem Mehl
überzogen sind. Dann wieder herausnehmen, gründlich abklopfen und im Öl
bei milder Hitze langsam backen, bis sie eine dunkelgelbe Farbe angenommen haben. Nicht zu dunkel werden lassen, sonst schmecken sie anschließend bitter. Dann aus der Pfanne nehmen und auf ein Küchenkrepp legen.

DIE FLEISCHSCHEIBEN zwischen Frischhaltefolie legen und gleichmäßig
plattieren (mit dem Handballen breit drücken und anschließend stauchen).
Dann den Fettrand mehrfach einschneiden. Das Fleisch salzen, pfeffern und
in Butterschmalz bei mittlerer Hitze ca. 6–8 Minuten von jeder Seite braten.
Dabei immer wieder mit dem sich bildenden Bratfond begießen. Den Rost-
braten auf vorgewärmten Tellern anrichten, mit Sauce umgießen und den
Röstzwiebeln belegen.

Entrecôtebraten

vom Rind

Zutaten: Rindfleisch (100 %).

Hinweis für Allergiker: Kann Spuren von Senf, Sellerie, Milcherzeugnissen und Gluten enthalten.

Zubereitung: Backofen: Das Entrecôte vor der Zubereitung aus der Packung nehmen, mit einem Küchentuch trocken tupfen und ca. 30 Minuten ruhen lassen. Das Entrecôte in heißem Öl von allen Seiten kräftig anbraten. Im vorgeheizten Backofen bei 160 °C ca. 60 bis 70 Minuten braten.

Pfanne: Alternativ kann man auch aus dem Entrecôte ca. 2-3 cm starke Steaks schneiden und von beiden Seiten scharf anbraten. Anschließend bei mittlerer Hitze ca. 6-8 Minuten garen. Auf dem vorgewärmten Teller das fertig gegarte Steak 1-2 Minuten ruhen lassen, danach mit Salz und Pfeffer würzen. Guten Appetit!

ORGAINVENT-Nr.: 10037

Herkunft:	Deutschland	BW 03550
Zerlegt in:	Deutschland	BW 03550
Zerlegt in:	Deutschland BW 03550	10/13

Dieses Produkt ist vor dem Verzehr durchzuerhitzen!

Regeln der guten Küchenhygiene beachten: Rohes Fleisch nicht in Kontakt mit anderen Lebensmitteln bringen. Tropfsaft sorgfältig entsorgen. Geschirr und Hände gründlich reinigen. Dieses Fleisch ist nicht zum Rohverzehr geeignet!

Ungeöffnet bei unter +4 °C mindestens haltbar bis: siehe Vorderseite.

Müller Fleisch GmbH
Enzstrasse 2-4
D-75217 Birkenfeld

DE BW 03550 EG

Durchschnittliche Nährwerte

	Pro 100 g
Brennwert	673 kJ / 161 kcal
Eiweiß	20,0 g
Kohlenhydrate	0 g
davon Zucker	0 g
Fett	9,0 g
davon gesättigte Fettsäuren	3,6 g
Ballaststoffe	0 g
Natrium	0,06 g

% des Richtwertes für die Tageszufuhr (GDA)*

*Guideline Daily Amount (GDA). Der deklarierte Wert basiert auf einer Ernährung von täglich 2000 kcal (Quelle: FoodDrinkEurope). Die Nährwertangaben können im Rahmen der natürlich vorkommenden Rohstoff-schwankungen variieren.

Zwiebelrostbraten

... vom Wild, Lamm & Geflügel

ZUTATEN *(für 4 Personen)*
1 Ente
2 EL Öl
ca. 150 g Salz
Salbei, Rosmarin, Paprika, Pfeffer
1 – 2 Zwiebeln
100 g Butter
2 EL Honig
50 g Mandelsplitter
1 kleine Dose Aprikosen
100 ml Marsala oder Rotwein

Ente im Salzmantel

ZUBEREITUNG

DIE ENTE zuerst mit Öl, dann üppig mit Salz einreiben. Für 40 Minuten bei 200 °C in den vorgeheizten Backofen geben, danach etwas abkühlen lassen und das Salz abkratzen. Die Ente mit den Gewürzen bestreuen.

FÜR DIE MARINADE die Zwiebeln abziehen, fein schneiden und in Butter und Honig glasig dünsten. Die Aprikosen dazugeben, den Wein angießen und das Ganze 5 Minuten garen. Die Ente damit befüllen und in eine Auflaufform setzen. Den restlichen Sud von der Marinade darüber gießen und die Ente für 40 Minuten bei 200 °C in den Backofen geben. Danach die Ente im ausgeschalteten Backofen über Nacht ziehen lassen. Am nächsten Tag noch einmal für 30 Minuten bei 200 °C braten.

TIPP: *Zur Ente passen Rotweinschalotten und Kartoffelplätzchen bzw. Macairekartoffeln sehr gut.*

Ente im Salzmantel

Frischlingsrücken „Winzer Art"

ZUTATEN *(für 4 Personen)*

1 Wildschweinrücken
(ca. 2 kg) vom Jungtier
Salz, Pfeffer
3 Tomaten
1 Bund Suppengrün
(Karotten, Knollensellerie,
Petersilienwurzel, Lauch)
Butterschmalz (oder Pflanzenöl) zum Braten

Wacholderbeeren
Pfefferkörner, Lorbeerblätter
½ l Rotwein
(kräftig, z. B. Rebsorte „Blaufränkisch")
Wildfond, 20 g Butter
1 TL scharfer Senf
2 EL Hagebuttenmarmelade
50 g Champignons (fein gehackt)
1 EL Estragon (gehackt)

Frischlingsrücken „Winzer Art"

ZUBEREITUNG

FLEISCH abwaschen und trocken tupfen. Rundherum kräftig mit Salz und Pfeffer einreiben und wie einen Rollschinken zusammen einbinden. Den Backofen auf 200 – 220°C (Ober- und Unterhitze) vorheizen.

TOMATEN und Suppengrün waschen, dann grob würfeln. In einer großen Bratenpfanne Butterschmalz oder Öl erhitzen, darin das Gemüse mit den Gewürzen gut anrösten. Herausheben und zur Seite stellen.

DIE FRISCHLINGSROULADE von allen Seiten kräftig anbraten. Überschüssiges Fett vorsichtig abgießen, den Bratenrückstand mit Rotwein ablöschen. Gemüse wieder hinzufügen und so viel Fond zugießen, dass das Fleisch gut bedeckt ist.

DAS FLEISCH im Backofen ca. 90 Minuten weich dünsten. Dann herausheben und warm stellen. Den Bratenrückstand lösen und durch ein Haarsieb passieren. In einem Topf mit Butter, Senf, Hagebuttenmarmelade, Champignons und Estragon vermengen und gut einkochen lassen.

DIE FRISCHLINGSROULADE tranchieren und anrichten. Das Fleisch und die Sauce separat servieren.

ZUTATEN *(für 6 Personen)*

1 Gans, ca. 4–5 kg
(am besten eine Hafermastgans)
Salz, Pfeffer
1 Orange, 1 Apfel
1 Zweig Beifuß

FÜR DIE SAUCE:

4 Zimtblüten
1 Sternanis
3 Pimentkörner
3 Wacholderbeeren
10 schwarze Pfefferkörner
1 TL Waldhonig,
100 ml Rotwein
300 ml Geflügelfond
250 g kleine Trauben (grün, ohne Kerne)
1 Msp. Speisestärke
50 ml Süßwein
Salz, Pfeffer aus der Mühle

Gänsebraten

ZUBEREITUNG

DIE GANS innen wie außen gründlich waschen und mit Küchenkrepp trocken tupfen. Die Federkiele entfernen und von innen salzen und pfeffern. Die Orange und den Apfel schälen, grob würfeln und zusammen mit dem Beifuß in die Gans füllen. Mit Küchengarn zunähen. Die Gans von außen mit Salz und Pfeffer einreiben und auf ein Gitter mit Fettschale setzen. Bei 180 °C im Umluftofen ca. 120 Minuten goldbraun braten. Dabei mehrmals mit dem Bratfett übergießen, damit das Fleisch nicht trocken wird. Nach der Garzeit im ausgeschalteten geöffneten Backofen ca. 10 Minuten ruhen lassen.

FÜR DIE SAUCE Zimtblüten, Sternanis, Pimentkörner, angedrückte Wacholderbeeren und Pfefferkörner zerdrücken und zusammen mit dem Waldhonig in einem Topf leicht karamellisieren. Den Rotwein dazugeben und etwas einreduzieren lassen. Den Geflügelfond angießen, aufkochen und ca. 60 Minuten bei geringer Hitze ziehen lassen. Anschließend die Sauce durch ein Sieb passieren. Die zuvor gründlich gewaschenen und halbierten Trauben hinzufügen und leicht ziehen lassen. Nach Bedarf die Sauce mit angerührter Speisestärke binden und abschließend mit Salz, Pfeffer, Süßwein oder Honig abschmecken.

Gänsebraten

TIPP: Zur Gans sind Rotkohl
oder Sauerkraut zusammen
mit Klößen die idealen Beilagen.

Geschmorter Fasan

MIT LAUCHFÜLLUNG & APFEL-ZWIEBEL-SAUCE

1 Fasan (750 g), küchenfertig	FÜR DIE SAUCE:
100 g Geflügelleber	1 EL Butter
1 Stange Lauch	2 Äpfel (säuerliche Sorte,
1 Apfel (säuerliche Sorte, z. B. Boskop)	z. B. Boskop)
1 Töpfchen Thymian	2 Zwiebeln
½ Scheibe Toastbrot	100 ml Apfelsaft
Salz, Pfeffer	3 EL Essig (mild)
4 Scheiben Frühstückspeck	2 EL Apfelgelee oder Honig

Geschmorter Fasan

MIT LAUCHFÜLLUNG & APFEL-ZWIEBEL-SAUCE

ZUBEREITUNG

FASAN und Leber waschen und trocken tupfen. Die Leber klein schneiden. Lauch putzen, waschen und in Ringe schneiden. Den Apfel waschen, vierteln, entkernen und klein schneiden. Thymian waschen, eine kleine Menge für die Garnitur zur Seite legen. Restliche Blättchen abzupfen und (nach Belieben) hacken.

BROT klein würfeln. Brotwürfel, Lauch, Apfel, Leber und gehackten Thymian vermengen, salzen und pfeffern. Die Mischung in den Fasan füllen und diesen mit Holzspießchen verschließen. Fasan auf die Fettpfanne des Backofens legen und im vorgeheizten Ofen (E-Herd: 200°, Gas: Stufe 3) 1 Stunde braten. Den Fasan 20 Minuten vor Ende der Garzeit mit Speck belegen.

FÜR DIE SAUCE Zwiebeln abziehen und würfeln. Äpfel schälen, entkernen und ebenfalls würfeln. Den Fasan aus der Fettpfanne heben und abgedeckt ruhen lassen. Den Bratenfond lösen.

IN EINEM TOPF Zwiebel- und Apfelwürfel in Butter schmoren. Bratenfond, Apfelsaft und Essig dazugeben und kochen lassen. Den Apfelgelee oder Honig dazugeben und mit Salz und Pfeffer abschmecken.

TIPP: *Dazu passen Macairekartoffeln oder Kroketten wunderbar.*

ZUTATEN

(für 4 Personen)
4 dünne Scheiben durch-
wachsener Speck
1 bratfertiges Hähnchen
1 Tasse Hühnerbrühe
(Brühwürfel)
3 Knoblauchzehen
5 Schalotten
1 Bund Petersilie
4 EL Butter
1 TL Salz
¼ TL Pfeffer
¼ Tasse Cognac oder
Brandwein
4 Tassen Rotwein (kräftige,
fruchtige Sorte)
3 Zweige Thymian
1 Lorbeerblatt
1 EL Öl
250 g Champignons
1 gestr. EL Mehl

in Rotwein (COQ AU VIN)

ZUBEREITUNG

DEN SPECK in feine Streifen schneiden. Das Hähnchen in Portionsstücke zerteilen, kurz kalt abwaschen und mit Küchenkrepp trocken tupfen. Die Hühnerbrühe nach Anweisung zubereiten. Die Knoblauchzehen schälen und klein schneiden. Die Schalotten abziehen und halbieren. Petersilie waschen, abtropfen lassen, klein schneiden und beiseitelegen.

DIE SPECKSTREIFEN für einige Minuten in einem kleinen Topf mit etwas Wasser kochen lassen, abgießen, kalt abschrecken und abtropfen lassen. Die Hälfte der Butter in der Kasserolle erhitzen, die Speckstreifen darin hellbraun braten, herausnehmen und zur Seite stellen. Die Hähnchenstücke von allen Seiten in der heißen

Butter anbraten, salzen, pfeffern und mit den Speckstreifen bei milder Hitze zugedeckt 10 Minuten braten, dabei einmal wenden. Den Deckel abnehmen und den Cognac über das Fleisch gießen, die Kasserolle dabei etwas hin- und herbewegen, damit sich der Cognac gut verteilt. Dann den Rotwein und so viel von der Hühnerbrühe über die Hähnchenstücke gießen, dass sie ganz mit Flüssigkeit bedeckt sind. Die zerdrückten Knoblauchzehen, die Thymianblättchen und das Lorbeerblatt hinzufügen und alles zugedeckt bei milder Hitze noch 30 Minuten schmoren lassen.

DAS ÖL IN DER KASSEROLLE erhitzen. Die Schalottenhälften und die gründlich geputzten Champignons darin bei milder Hitze zugedeckt 15 Minuten braten. Die Hähnchenstücke und Speckstreifen aus der Sauce nehmen und warm stellen.

JETZT DIE SAUCE noch so lange einkochen, bis sie sich auf eine Menge von 3 Tassen reduziert hat. 2 EL Butter in der Pfanne schmelzen, das Mehl hineinstäuben und verrühren, bis Butter und Mehl eine homogene Verbindung eingegangen sind. Das Lorbeerblatt aus der Sauce nehmen und diese in die Butter-Mehl-Mischung einrühren.

ZUM SCHLUSS Hähnchenstücke Speckstreifen, Schalotten und Champignons in die Sauce geben und alles, ohne es kochen zu lassen, noch einmal gründlich erhitzen. Abschließend mit der Petersilie bestreuen und z. B. zusammen mit einem knusprigen Baguette servieren.

TIPP: *Statt Rotwein kann man auch sehr gut Weißwein für die Zubereitung verwenden. Dafür empfiehlt sich ein Riesling.*

Lammkeule

ZUTATEN
(für 8 Personen)
1 Lammkeule (incl. ausge-
löstem Knochen)

FÜR DAS GEWÜRZSALZ:
5 Zweige Thymian
3 Knoblauchzehen
1 TL Senfkörner
1 TL Pfefferkörner
1 EL Orangenabrieb (Bio)
1 TL Zitronenschale (Bio)
1 TL Meersalz
5 EL Olivenöl

AUSSERDEM:
Küchengarn, 3 EL Olivenöl

FÜR DIE SAUCE:
1 Bd. Suppengrün (ohne
Blumenkohl)
3 Zwiebeln
6 EL Olivenöl
Lammknochen
2 TL Tomatenmark
2 EL Mehl
300 ml kräftiger Rotwein
600 ml Lammfond (Glas)
4 Zweige Thymian
1 Zweig Rosmarin
Salz, Pfeffer

Lammkeule rosa gebraten

ZUBEREITUNG

FÜR DIESES REZEPT beim Metzger den Knochen auslösen und klein hacken lassen. Er wird für die Zubereitung der Sauce benötigt.

DEN BACKOFEN auf 130 °C Ober- und Unterhitze vorheizen. Das Fleisch waschen, mit Küchenkrepp trocken tupfen und parieren (von den Sehnen befreien).

FÜR DAS GEWÜRZSALZ den Thymian waschen, trocken schleudern und die Blättchen abzupfen. Knoblauch schälen und grob zerkleinern. Thymian, Knoblauch, Senfkörner, Pfefferkörner, Orangenabrieb, Zitronenschale und Meersalz im Mörser zu einer Paste zerreiben. Das Olivenöl dazugeben und verrühren.

DIE LAMMKEULE kräftig mit der Paste einreiben und mit Küchengarn zusammenbinden (sonst fällt sie zusammen, weil der Knochen fehlt). Am besten die Keule 1–2 Stunden durchziehen lassen oder am Tag vorher vorbereiten.

DIE PFANNE erhitzen, Öl hineingeben und das Fleisch bei mäßiger Hitze von jeder Seite 3 Minuten anbraten. Auf einen Backofenrost (mittlere Schiene) in den Backofen geben. Ein Backblech darunter stellen, um das Fett aufzufangen. In ca. 2 ½ Stunden rosa garen. Wer ein Bratenthermometer besitzt, sollte eine Kerntemperatur von 68 °C messen.

FÜR DIE SAUCE das Suppengrün waschen und klein schneiden. Die Zwiebeln abziehen und würfeln. Das Öl in einem großen Topf erhitzen und die Knochen ca. 10 Minuten anrösten. Zwiebeln und Suppengemüse dazugeben und weitere 5 Minuten mit rösten. Dabei die Hitze reduzieren, damit Zwiebeln und Gemüse nicht schwarz werden. Das Tomatenmark hinzufügen

TIPP: *Dazu passen gekochte Kartoffeln, Backkartoffeln, Rosmarinkartoffeln und als Gemüsebeilage Bohnen und Artischocken.*

und 2 Minuten mitrösten. Mit etwas Rotwein ablöschen, mit Mehl bestäuben und kräftig verrühren. Wieder mit Wein ablöschen und einkochen lassen. Mit dem restlichen Wein und Fond aufgießen, aufkochen lassen und die Temperatur so weit reduzieren, dass die Sauce nur noch leicht köchelt. Die Sauce ohne Deckel ca. 2 Stunden einreduzieren lassen. Danach durch ein Sieb gießen, wieder in den Topf geben und weiter offen kochen lassen, bis die gewünschte Konsistenz erreicht ist. Thymian und Rosmarin hineingeben und die Sauce mit Salz und Pfeffer abschmecken. Wenn die Sauce fertiggestellt ist, die Thymian- und Rosmarinzweige wieder herausnehmen.

DAS FLEISCH aus dem Backofen nehmen, in fingerbreite Scheiben schneiden und vom Küchengarn befreien. Auf Tellern anrichten und mit der Sauce nappieren.

Lammkeule

UNTER DER KARTOFFELHAUBE

TIPP: *Zum Lamm passen grüne Bohnen im oder ohne Speckmantel wunderbar.*

ZUTATEN *(für 4 – 6 Personen)*
1 Lammkeule (entbeint)
2 – 4 Knoblauchzehen (je nach Größe)
Thymian, Rosmarin, Olivenöl
frischer Meerrettich (oder aus dem Glas)
1 Packung Kloßteig à 750 g (Kühlregal)
2 – 4 Eigelb (je nach Größe)
Senf, Salz, Pfeffer
200 ml Rotwein, 200 ml Brühe

Lammkeule

UNTER DER KARTOFFELHAUBE

ZUBEREITUNG

DIE LAMMKEULE waschen, mit Küchenkrepp trocken tupfen, salzen,
pfeffern und mit den zerdrückten Knoblauchzehen einreiben. Kräuter
waschen und Blätter sowie Nadeln von den Stielen zupfen. Mit einem
kleinen spitzen Messer kleine Schnitte in der Keule anbringen und mit
den Kräutern spicken. Öl im Bräter erhitzen und die Keule bei mittlerer
Hitze von allen Seiten anbraten, bis sie eine schöne Farbe angenommen
hat. Währenddessen den Meerrettich reiben. Wenn kein frischer oder nur
milder Meerrettich zu bekommen ist, geht auch Meerrettich aus dem Glas.

MIT EIGELB, SENF und Meerrettich den Kloßteig verrühren. Dabei die
Eigelb nach und nach zugeben, die Masse sollte nicht zu flüssig werden.
Ggf. braucht man weniger. Den Teig auf der oberen Hälfte der angebratenen Lammkeule verteilen und jeweils 100 ml Rotwein und Brühe
angießen. Dann die Lammkeule offen für ca. 1 Stunde in den auf 180 °C
vorgeheizten Backofen (Umluft) auf die untere Schiene stellen. Ab und zu
überprüfen, ob noch genug Flüssigkeit vorhanden ist. Eventuell Wein und
Brühe nachgießen.

SOBALD DIE KARTOFFELMASSE leicht bräunliche Spitzen bekommt, das
Fleisch abdecken und die Hitze etwas reduzieren. Nach der Garzeit den
Backofen ausschalten und das Fleisch noch ca. 15 Minuten im Ofen ruhen
lassen. Nach Belieben aus Bratenfond, Wein und Brühe eine Sauce zubereiten.

ZUTATEN

(für 4 Personen)

2 – 3 Lammlachse
10 Scheiben (je nach Größe)
dünn geschnittener Knochenschinken
1 Hühnchenbrust ohne Haut
1 kl. Bund glatte Petersilie
100 ml Sahne
Öl
4 Zweige Thymian
Salz, Pfeffer

FÜR DIE SAUCE:

2 Zwiebeln
1 Knoblauchzehe
40 g Butter
Pfeffer
4 Zweige Thymian
150 ml Spätburgunder
400 ml Lammfond (optimal)
bzw. Geflügel- oder Rinderfond
Butter, Salz

im Schinkenmantel

Lammrücken

ZUBEREITUNG

DIE LAMMLACHSE waschen, mit Küchenkrepp trocken tupfen und mit Salz und Pfeffer würzen. In einer Pfanne Öl erhitzen und die Lammlachse auf mittlerer Stufe von allen Seiten kurz anbraten. Die Pfanne mit dem Bratensatz beiseitestellen. Diese wird später für die Zubereitung der Sauce benötigt.

DIE HÜHNCHENBRUST waschen, mit Küchenkrepp trocken tupfen und fein würfeln. Mit Salz und Pfeffer würzen und in eine Schüssel geben. Die Petersilie grob hacken und ebenfalls hinzufügen. Das Ganze kurz ins Gefrierfach stellen, damit die Masse beim Pürieren nicht gerinnt. Dann mit dem Mixer oder in einer Küchenmaschine pürieren und die Sahne langsam dazugießen. So lange pürieren, bis eine homogene Masse (Farce) entstanden ist.

ALU-FOLIE AUF DIE LÄNGE des Lammrückens (Lachse der Länge nach nebeneinandergelegt) zurechtschneiden. An beiden Enden soll die Folie 5 cm überstehen und insgesamt ca. 20 cm breit sein. Den Schinken in gleichmäßigem Abstand, teilweise überlappend, über die Länge des Lammrückens auf die Folie legen. Dünn mit der Hühnchenfarce bestreichen. Die Lammlachse mittig darauf setzen und mit Hilfe der Folie fest zusammenrollen. Folie wieder entfernen und im vorgeheizten Backofen bei ca. 130 °C 15 Minuten garen. Bei ca. 80 °C 45 Minuten ruhen lassen (Umluft oder Ober- und Unterhitze).

FÜR DIE SAUCE Zwiebeln und Knoblauch abziehen und würfeln. Im Bratensatz der Lammlachse in Butter anschwitzen. Pfeffer und Thymian dazugeben, mit dem Spätburgunder ablöschen und aufkochen lassen. Mit dem Lammfond auffüllen und ca. um die Hälfte der Menge einreduzieren lassen (kräftig kochen ohne Deckel). Die Sauce durch ein Sieb gießen und wieder aufkochen. Die eisgekühlte Butter in Flocken kräftig darunter schlagen und mit Salz abschmecken. Wer die Sauce gern sämiger mag, kann sie zusätzlich mit in Wasser aufgelöster Speisestärke binden (siehe TIPP).

DEN LAMMRÜCKEN aus der Folie wickeln, mit einem scharfen Messer in Scheiben schneiden, auf den Tellern anrichten und mit etwas Sauce nappieren. Dazu passen Bohnen jeglicher Art und Farbe wie auch Kartoffeln sehr gut.

TIPP: *Bindet man eine Sauce mit Speisestärke, sollte man vorsichtig zu Werke gehen. Die in Wasser aufgelöste Speisestärke immer nur löffelweise in die Sauce geben, sonst ist statt einer sämigen Sauce ein Pudding das Endergebnis.*

ZUTATEN

(für 4 Personen)
1 kg Putenbrust am Stück
1 Bio-Orange
100 g Zwiebeln
1 Knoblauchzehe
1 Stk. frischer Ingwer
(ca. 6 cm)
1 rote Chilischote
1 Vanilleschote
½ TL Currypulver
Meersalz
3 EL Pflanzenöl
2 Zweige Basilikum
1 EL Butter

FÜR DIE PAPRIKASAUCE:

1 gelbe Paprika (ca. 250 g)
1 kleine Schalotte (20 g)
3 EL Butter
250 ml Geflügelfond (Glas)
Salz, schwarzer Pfeffer
(aus der Mühle)

an Paprikasauce

MIT INGWER & VANILLE

Putenbrust

ZUBEREITUNG

DEN BACKOFEN auf 150 °C (Ober- und Unterhitze) vorheizen. Das Fleisch kalt abbrausen, mit Küchenkrepp trocken tupfen und evtl. parieren (Sehnen entfernen). Die Orange heiß abwaschen, die Zwiebeln abziehen und beides in grobe Stücke schneiden. Knoblauch und Ingwer schälen, die Chilischote waschen, entkernen und alles grob zerkleinern. Die Vanilleschote längs aufritzen, das Mark mit dem Messerrücken herausschaben und die Schote beiseitelegen.

KNOBLAUCH, Ingwer, Chili, Vanillemark, Currypulver und Meersalz in den Mörser geben und zu einer feinen Paste zermahlen. Die Putenbrust damit ringsherum gründlich einreiben. Öl in einer Pfanne erhitzen und das Fleisch darin goldbraun von allen Seiten anbraten.

an Paprikasauce

MIT INGWER & VANILLE

BASILIKUM waschen und trocken schütteln. Die Blätter abzupfen, einige für die Garnitur zurückbehalten. In einer Auflaufform die Orangen- und Zwiebelstücke verteilen. Die Putenbrust darauf setzen und mit einigen Butterflöckchen belegen. Die ausgeschabte Vanilleschote und 6 – 8 Basilikumblätter mit in die Auflaufform legen. Das Fleisch auf der mittleren Schiene ca. 1 ¼ Stunde lang garen. Den Braten ca. alle 10 Minuten mit dem Fond aus der Form einpinseln.

FÜR DIE PAPRIKASAUCE die Paprika putzen, halbieren, entkernen und waschen. Die Hälften in kleine Stücke schneiden. Die Schalotte abziehen und fein würfeln. Die Butter (2 EL) in einem Topf erwärmen und die Schalotte darin bei schwacher Hitze 3 Minuten glasig dünsten. Die Paprikawürfel dazugeben und weitere 5 Minuten mitdünsten. Den Geflügelfond angießen, aufkochen und 20 Minuten bei schwacher Hitze offen köcheln lassen.

DEN BRATEN aus der Auflaufform heben und auf eine Platte legen. Dann im Backofen bei 80 °C warm stellen.

FÜR DIE SAUCE die Bratenflüssigkeit durch ein Sieb passieren. 150 ml davon zur Paprikasauce geben, die Sahne dazugießen und 10 Minuten sämig einkochen. Die Sauce fein pürieren und mit Salz und Pfeffer abschmecken. Den Braten aufschneiden, mit der Paprikasauce auf vorgewärmten Tellern anrichten und mit Basilikumblättern garnieren.

ZUTATEN
(für 4 Personen)
800 g Rehrücken
3 EL Öl

FÜR DIE FARCE:
100 g Hühnerbrust (ohne Haut)
120 ml Sahne
40 g Parmesan
100 g Champignons oder Pfifferlinge
50 g Schalotten
100 g Butter (Zimmertemperatur)
50 g Spinat, blanchiert, klein geschnitten
1 Bund Petersilie
1 Eiweiß (zum Bestreichen)
1 Toastbrot (am Stück)
Pflanzenöl zum Braten
Salz, Pfeffer, Muskatnuss

FÜR DIE SAUCE:
600 ml Wildfond
50 ml Madeira
1 TL Tomatenmark
100 ml Weißwein
1 Lorbeerblatt
8 – 10 Wacholderbeeren
4 Gewürznelken
1 Bouquet garni (jeweils 1 Zweig Thymian, Rosmarin, 3 Stängel Petersilie)
1 Knoblauchzehe
Saucenbinder
Salz, Pfeffer

im Brotteig

Rehrücken

ZUBEREITUNG

DEN REHRÜCKEN waschen, trocken tupfen und parieren (Haut und Sehnen entfernen). Mit Salz und Pfeffer würzen, in Öl rundherum scharf anbraten und zur Seite stellen.

FÜR DIE FARCE die gut gekühlte Hühnchenbrust klein würfeln, kräftig salzen und mit der Küchenmaschine fein mixen, dabei nach und nach die flüssige Sahne zugeben. Den Parmesan reiben. Die Pilze putzen und fein würfeln. Schalotten abziehen, fein schneiden und in 20 g Butter anschwitzen. Pilze dazugeben und etwa 3 Minuten mit braten, salzen und pfeffern und von der heißen Herdplatte nehmen. 80 g Butter mit dem Handrührgerät schaumig schlagen und mit den inzwischen abgekühlten Pilzen, dem

im Brotteig

Parmesan, Spinat, fein gehackter Petersilie und der Geflügelfarce vermengen. Die Masse mit Salz, Pfeffer und Muskatnuss würzen.

FÜR DIE SAUCE Wildfond, Madeira und Tomatenmark sowie die Gewürze und das Bouquet garni hinzufügen und langsam einköcheln. Das Bouquet garni herausnehmen. Dann die Sauce binden, abschmecken und warmstellen.

DAS FLEISCH in 4 Portionen à 200 g teilen. Das Brot der Länge nach in 4 dünne Scheiben schneiden (die Rinde nicht verwenden) und mit Eiweiß bepinseln. Jeweils 1 EL von der Farce in die Mitte setzen, ein Stück Rehrücken darauf legen, wieder mit 1 EL der Farce bedecken

und die Scheiben jeweils zu Rouladen aufrollen. Das überstehende Brot schräg abschneiden und den „Stoß" mit Eiweiß bestreichen. Die Rouladen für ca. 15 Minuten bei 160 °C Umluft in den Backofen geben. Kurz vor Ende der Garzeit den Grill zuschalten.

TIPP: *Dazu passen Rosenkohlblätter oder Rahmwirsing sehr gut.*

ZUTATEN *(für 4–6 Personen)*

1 kg Putenbrust	3 EL Butterschmalz
1 Möhre	Salz, Pfeffer
2 Stangen Sellerie	250 g Pflaumen
3 Zwiebeln	2 EL Senf
2 Lorbeerblätter	100 ml Geflügelfond
1 EL schwarze Pfefferkörner	1–2 EL Speisestärke
2 Nelken	1–2 TL Balsamicoessig
750–1000 ml Buttermilch	1–2 TL Honig

Sauerbraten von der Pute

ZUBEREITUNG

DAS FLEISCH waschen, trocken tupfen und ggf. parieren. Möhre schälen, Sellerie waschen und kleinschneiden. 2 Zwiebeln abziehen und vierteln. Diese Zutaten zusammen mit dem Fleisch in eine Schüssel legen. Lorbeerblätter, Pfefferkörner und Nelken darüber streuen und so viel Buttermilch angießen, dass das Fleisch gut bedeckt ist. Kühl stellen und 3 Tage marinieren, zwischendurch das Fleisch immer wieder wenden.

DIE DRITTE ZWIEBEL abziehen und fein würfeln. Das Fleisch aus der Marinade heben, trocken tupfen und mit Pfeffer einreiben. Butterschmalz in einem Bräter erhitzen und das Fleisch darin rundum anbraten. Salzen, Zwiebelwürfel hinzufügen und kurz anschmoren. Nach und nach mit 500 ml Marinade ablöschen. Das Fleisch im Topf abgedeckt bei kleiner Hitze ca. 60 Minuten schmoren lassen. Alternativ bei 120 °C in den vorgeheizten Backofen geben. Pflaumen waschen, halbieren und entsteinen. 5 Minuten vor Ende der Garzeit zum Fleisch geben. Braten und Pflaumen aus dem Bräter nehmen und warm stellen.

FÜR DIE SAUCE Senf und Geflügelfond in den Bratenfond einrühren. Speisestärke mit etwas kaltem Wasser verquirlen, löffelweise in die Sauce einrühren und aufkochen. Mit Balsamico, Honig, Salz und Pfeffer abschmecken.

DAS FLEISCH in fingerbreite Scheiben schneiden, auf den Tellern anrichten und mit Sauce nappieren.

Sauerbraten von der Pute

TIPP: *Dazu passen Klöße und Blattsalate wunderbar.*

Wildente

AUS DEM RÖMERTOPF

TIPP: *Beim Einritzen der Entenbrusthaut auf keinen Fall ins eigentliche Fleisch schneiden. Sonst tritt beim Braten zu viel Fett aus, und das Fleisch wird trocken.*

ZUTATEN *(für 4 Personen)*

2 Entenbrüste
1 Fenchelknolle, 1 Zucchini
1 Aubergine, 3 Tomaten
250 g Champignons
Olivenöl
3 Scheiben Ingwer

5 Knoblauchknollen (ganz, mit Schale)
Salz, Pfeffer
2 Zweige Rosmarin (frisch)
5 Zweige Thymian (frisch)
4 Zweige Oregano (frisch)
½ Bund Basilikum

Wildente

AUS DEM RÖMERTOPF

ZUBEREITUNG

DIE ENTENBRUST waschen, auf der Hautseite rautenförmig einritzen (dabei nicht ins Fleisch schneiden), salzen und pfeffern. In einer Bratpfanne etwas Wasser aufkochen. Die Ente mit der Hautseite nach unten einlegen und das Fett aus der Haut herausbraten, so dass sich diese schön bräunt.

DEN RÖMERTOPF mindestens 10 Minuten wässern.

DAS GEMÜSE waschen, klein schneiden und mit Ausnahme der Tomaten mit Olivenöl vermischen. In den Römertopf legen. Ingwer und Knoblauchknollen darunter mischen. Dann die Tomatenstücke darauf legen und mit der Hälfte der frisch gehackten Kräuter aromatisieren. Die angebratenen Entenbrüste darauf platzieren. Den Deckel aufsetzen und im Backofen bei 180° Umluft 2 Stunden schmoren lassen. Dann die Entenbrüste herausnehmen, in Alufolie einschlagen und wenige Minuten rasten lassen.

WÄHRENDDESSEN die restlichen, frisch gehackten Kräuter unter das Gemüse mischen (Knoblauchknollen herausklauben und beiseitelegen) und auf den Tellern anrichten. Die Entenbrust schräg aufschneiden und auf dem mediterranen Gemüse platzieren.

INFO: *Den Römertopf vor dem Einsatz mindestens 10 Minuten wässern, damit sich die Tonporen füllen. Stets in den kalten Backofen stellen, denn große Temperaturschwankungen können den Topf zerspringen lassen. Nicht mit Spülmittel reinigen. Es wird von den offenen Poren aufgenommen und evtl. an das nächste Gericht abgegeben.*

Schnupper-Rezept

Lauch-Kartoffel-Cremesuppe

ZUTATEN

(für 4 Personen)
500 g Kartoffeln
3 Stangen Lauch
2 Zwiebeln
2 EL Olivenöl
1 Gemüsebrühwürfel
Salz, Pfeffer

ZUBEREITUNG

Lauch gründlich putzen, waschen und in Ringe schneiden. Kartoffeln schälen, waschen und würfeln. Die Zwiebeln abziehen, klein schneiden und in Olivenöl bei schwacher Hitze anbräunen. Die Lauchringe und Kartoffelwürfel hinzufügen. Gut umrühren und das Gemüse weitere zehn Minuten mit anschwitzen.

Eineinhalb Liter Wasser dazugießen, den Brühwürfel zerbröseln, mit hineingeben und das Ganze ca. eine Stunde köcheln lassen. Abschließend die Suppe pürieren und mit Salz und Pfeffer würzen.

Leckere
feine Suppen
96 Seiten, Spiralbindung
€ 9,95
ISBN 978-3-7843-5074-5

… und 37 weitere leichte

Lauch-Kartoffel-Cremesuppe

Suppen-Rezepte der „Leckere …" Erfolgsreihe.

Kleine Schokoküchlein

MIT FLÜSSIGEM KERN

ZUTATEN

(für 6 Personen)
300 g Bitterschokolade
150 g Butter
150 g feiner Kristallzucker
75 g Mehl
4 Eier

ZUBEREITUNG

DIE SCHOKOLADE und Butter im Wasserbad oder in der Mikrowelle schmelzen. Unter Rühren den Zucker, die verquirlten Eier und zum Schluss das Mehl durch ein Sieb dazugeben und zu einem glatten Teig verrühren. Anschließend den Teig in Silikon- oder mit Butter gefettete und bemehlte feuerfeste Backförmchen gießen. Anschließend eine Stunde kalt stellen.

DANN FÜR ACHT MINUTEN bei 210 °C im vorgeheizten Backofen backen. Die Törtchen wieder herausnehmen, zehn Minuten abkühlen lassen, dann aus den Backformen lösen und direkt verzehren.

Leckere
Schokoladen-Sünden
96 Seiten, Spiralbindung
€ 9,95
ISBN 978-3-7843-5076-9

… und 33 weitere üppige

Kleine Schokoküchlein

MIT FLÜSSIGEM KERN

Schokoladen-Rezepte der „Leckere …"-Erfolgsreihe.

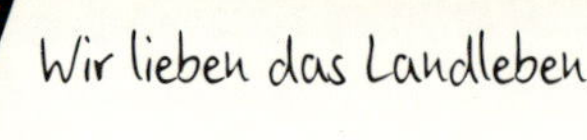

... einfach

Tolle Rezepte zu den verschiedensten Themen. Keine überladenen Ideen,

Leckere Torten-Träume
96 Seiten,
Spiralbindung
€ 9,95
ISBN 978-3-7843-5025-7

Leckere Festtags-Torten
104 Seiten,
Spiralbindung
€ 9,95
ISBN 978-3-7843-5092-9

Leckere Schnelle Rührkuchen
96 Seiten,
Spiralbindung
€ 9,95
ISBN 978-3-7843-5093-6

Leckere Kuchen-Desserts
96 Seiten,
Spiralbindung
€ 9,95
ISBN 978-3-7843-5035-6

Leckere Einfache Nachspeisen
96 Seiten,
Spiralbindung
€ 9,95
ISBN 978-3-7843-5149-0

Leckere Schokoladen-Sünden
96 Seiten,
Spiralbindung
€ 9,95
ISBN 978-3-7843-5076-9

Leckere Erdbeer-Zaubereien
96 Seiten,
Spiralbindung
€ 9,95
ISBN 978-3-7843-5127-8

Leckere Marmeladen-Rezepte
96 Seiten,
Spiralbindung
€ 9,95
ISBN 978-3-7843-5126-1

Leckere Spargel-Rezepte
96 Seiten,
Spiralbindung
€ 9,95
ISBN 978-3-7843-5073-8

Leckere Grünkohl-Rezepte
96 Seiten,
Spiralbindung
€ 9,95
ISBN 978-3-7843-5138-4

LV·Buch
im Landwirtschaftsverlag GmbH,
48084 Münster

© Landwirtschaftsverlag GmbH,
Münster, 2011

Impressum

FOTOS:
Merle Cramer, Münster
(außer S. 71 und 76, Digitalstock)

LEKTORAT:
Sabine Deing-Westphal, Rhede

GESTALTUNG:
Monika Wagenhäuser, LV·Buch

DRUCK:
LV.Druck GmbH & Co. KG, Münster

ISBN 978-3-7843-5158-2